Una introducción práctica y basada en proyectos a la programación en Python.

Contenido

Denuncia de derechos de autor
Este libro es propiedad del profesor
Touceef, que trabaja como profesor
asistente en el Associated College.

Antes

Describe Python.

Python es un conocido lenguaje de computación en la nube de uso general con una amplia gama de aplicaciones. Sus estructuras de datos de alto nivel, escritura dinámica, enlace de variables y una variedad de otras características lo hacen ideal tanto para scripting o "código adhesivo" que conecta componentes como para crear programas sofisticados. Además, podría ampliarse para permitir que prácticamente cualquier sistema operativo ejecute aplicaciones C o C++ y llame a funciones del sistema. Python es un lenguaje de propósito general que se puede utilizar en una amplia gama de aplicaciones y es compatible con casi cualquier arquitectura de sistema.

Python es un lenguaje de programación interpretativo orientado a objetos. Las características enumeradas incluyen clases, escritura dinámica, tipos de datos dinámicos de muy alto nivel, excepciones, módulos y manejo de excepciones.

El Python Packaging Index (PyPI) alberga cientos de módulos de terceros para el lenguaje informático. Por ejemplo, Django es un estándar bien conocido para el desarrollo web, mientras que NumPy, Pandas y Mathplotlib son estándares bien conocidos para la minería de datos.

Historia de Python

Python, un popular lenguaje de programación de propósito general de alto nivel. Fue desarrollado primero por Guido van Rossum y luego por la Python Software Foundation. Al centrarse en la legibilidad del código, los programadores pueden transmitir ideas utilizando sintaxis y menos líneas de código.

Sería a finales de los años 1980 cuando se escribiría la historia. Fue en este punto que comenzó el desarrollo de Python. Poco después, en diciembre de 1989, Guido Van Rossum comenzó a trabajar en proyectos basados en aplicaciones en el Centrum Wiskunde & Informatics (CWI) holandés. Inicialmente comenzó como un proyecto de pasatiempo porque buscaba algo divertido que hacer durante las vacaciones. El lenguaje de programación ABC, cuya superioridad se atribuye a Python, incluía manejo de excepciones e interactuaba con el sistema operativo Amoeba. Al principio de su carrera, ayudó a fundar ABC. Aunque vio algunos problemas con ABC, en general le gustaron las funciones. La siguiente acción que tomó fue bastante inteligente. Había incluido algunos de los elementos y la sintaxis útiles del ABC. Abordó estos problemas de manera integral y desarrolló un lenguaje de programación potente y libre de errores, basándose en los comentarios que recibió. Lo llamó Python porque era un gran admirador del programa de televisión de la BBC Monty Python's Flying Circus y quería un nombre pegadizo, llamativo y algo intrigante para su invento. Hasta su dimisión como jefe de Estado el 12 de julio de 2018, presidió el país como "Dictador Benevolente de por vida" (BDFL). Trabajó para Google por un tiempo, pero ahora trabaja para Dropbox. El lenguaje finalmente se lanzó en 1991. En comparación con Java, C++ y C, se necesitaba mucho menos código para describir conceptos cuando se lanzó por primera vez. Su filosofía de diseño también era extremadamente sólida. Sus principales objetivos son mejorar la eficiencia de los desarrolladores y la legibilidad del código. Cuando se introdujo por primera vez, tenía suficiente poder para proporcionar clases con herencia, una serie de tipos de datos básicos, manejo de excepciones y funcionalidad.

Integración de Python en Windows

Python se puede instalar en una computadora con Windows de diferentes maneras. Las opciones que exploraremos en esta lección se enumeran a continuación:

Instalar Python directamente desde Microsoft Store es una alternativa rápida y sencilla que le permitirá utilizar Python en poco tiempo. Los principiantes que quieran utilizar Python en su computadora con fines de aprendizaje lo encontrarán extremadamente útil.

Descarga directa de Python, ampliada desde el sitio web de Python: este enfoque le brinda un mayor control sobre el proceso de instalación y le permite personalizar su instalación.

Instale Python usando una distribución Anaconda: una instalación popular de Python llamada Anaconda viene con muchas herramientas y paquetes preinstalados, lo que la convierte en una opción adecuada para la informática científica y la minería de datos.

Cualquiera que sea el enfoque que elija, no tardará mucho en ejecutar Python en su computadora con Windows. A veces, Python viene preinstalado en su computadora. Cómo comprobar si Python está instalado en su computadora con Windows.

Identificar instalaciones de Python en máquinas con Windows

El menú Inicio y la terminal se pueden utilizar para acceder a Python.

Puede usar Terminal para verificar si Python está configurado en su computadora con Windows siguiendo estos pasos:

Abra un programa de línea de comandos, como el símbolo del sistema (el valor predeterminado en Windows 10 o Windows 11) o la Terminal de Windows.
Se debe escribir "Python" en la línea de comando. Cuando se configura Python, debería aparecer un mensaje similar a "Python 3.xx", seguido del mensaje de Python que se muestra como ">>>". Tenga en

cuenta que el número de versión de Python es "3.xx".

Se le redirigirá inmediatamente a instalar Python en Microsoft Store si Python aún no está instalado en su computadora. Tenga en cuenta que es posible que Python no se actualice en la página que está visitando.

Configurar Python

Abra el paquete descargado para iniciar la instalación.

Aceptar la ubicación de instalación predeterminada es seguro y agregar Python a PATH es esencial. Las aplicaciones Python que requieren Python para ejecutarse no sabrán dónde está a menos que las agregue a su variable de entorno

PATH. Antes de continuar, marque esta opción en la parte inferior de la ventana de instalación, ya que aún no está seleccionada.

Debe dar su consentimiento a Windows antes de poder instalar una aplicación de un editor que no sea Microsoft. Si se le solicita en Control de cuentas de usuario, haga clic en Sí.

Cuando Windows haya terminado de distribuir los archivos del paquete Python a las ubicaciones adecuadas, espere pacientemente a que se complete el proceso. En este punto, la instalación de Python está completa.

Es hora de divertirse.

Configurar un IDE

Aunque en realidad todo lo que necesita es un editor de texto para crear programas Python, un entorno de desarrollo integrado (IDE) resulta útil. Un editor de texto con varias funciones de Python prácticas y fáciles de usar integradas en un IDE. Dos excelentes opciones de código abierto a considerar son IDLE 3 y Pycharm (Community Edition).

LENTO 3

Se incluye un IDE llamado IDLE con Python. Puede escribir código en cualquier editor de texto, pero con un IDE tiene acceso a funciones como resaltado de palabras clave para ayudarle a detectar errores, un botón Ejecutar para probar su código de forma rápida y sencilla, y otras herramientas incluidas en editores de texto simples a menudo no están disponibles. . como el Bloc de notas++.

Haga clic en el menú Inicio (o menú de ventana) y busque coincidencias de "Python" para iniciar IDLE. Dado que Python ofrece varias interfaces, es posible que descubra algunas similitudes, así que asegúrese de iniciar IDLE.

Tu primer programa

"¡Hola mundo!" es un ejemplo atemporal de un primer programa. Sigamos la convención. Ingrese después de escribir:

"¡Hola mundo!" está impreso.
El mundo ahora puede estar a tu alcance, aunque no parezca gran cosa. Saluda de nuevo. Únase a nosotros para la próxima charla

sobre cómo ejecutar y guardar archivos en IDLE.

Formatos de datos

Las variables en Python pueden almacenar valores de diferentes tipos de datos, a veces llamados tipos de valores. Los tipos de datos más comunes son:

• Los números enteros como 1, 2 y 3 se llaman números enteros (int).

• Flotantes: números decimales como 3, 14, 2, 718 y 1,61 80 339

• (cadena) Cadenas como "hola" y "mundo"

• (bool) Valores booleanos: valores verdaderos o falsos para la lógica

• El método type() se puede utilizar para determinar el tipo de una variable:

- imprimir(tipo(x)) # imprimir

cl x = 5

números enteros

De hecho, no hay límite de longitud para los valores enteros en Python 3. Por supuesto, como todo lo demás, está limitado por la cantidad de RAM disponible en su computadora, pero por lo demás, un número entero puede ser tan largo como lo necesite. :

```
>>> imprimir
(123123123123123123123123123
123123123123123123123 + 1)
123123123123123123123123123
123123123123123123124
```

Python considera la siguiente secuencia de dígitos decimales como un número decimal:

```
>>> imprimir (10)
diez
```

Crear configuraciones

En Python, puede crear una nueva variable asignando un valor a una variable existente utilizando el operador de asignación (=). El nombre de la variable puede ser cualquier combinación de letras, números y guiones bajos, pero un número no puede ser el primer carácter. A continuación se muestran algunos ejemplos del uso de variables de Python:

Z es igual a 3,14 cuando x = 5 e y = "Hola mundo"

Además, puedes asignar múltiples variables a la vez:

Si x, y y z son iguales a 5, aparece el mensaje "Hola mundo".

Al nombrar variables en Python, es esencial seguir algunos principios. Los nombres de las variables deben ser descriptivos y estar escritos en minúsculas (letras de serpiente). Las palabras deben estar separadas por guiones bajos. El nombre de la variable es un nombre mejor que el nombre de la variable o el nombre de la variable. Además, algunas palabras en Python no se pueden usar como nombres de variables, como: B. if, else, True, False, None and, or, not, etc.

Mover variables

Una vez configurada una variable, su valor se puede cambiar asignándole un nuevo valor. Para ilustrar:

x = 5 x = 10

En el ejemplo anterior, x primero se establece en 5 y luego su valor se cambia a 10.

cuerdas

Las cadenas forman cadenas. En Python, el tipo de cadena se llama str.

Se pueden utilizar comillas simples o dobles para separar cadenas literales. La cadena contiene todos los caracteres entre el separador de creación y el separador final correspondiente:

```
>>> Imprimir "Soy un canal".
Sólo soy una cadena.
Escriba ("Soy una cuerda").
'str'clase="">
```

```
>>> imprimir("Estoy contigo.")
Estoy de acuerdo.
```

```
>>> tipo( "Estoy contigo.") class'str '>
```

En Python, una cadena puede contener cualquier cantidad de caracteres. La única limitación son los recursos de RAM de su computadora. También es posible una cadena vacía:

```
>>> ""
```

Secuencias de escape de cadenas

A veces se le puede pedir a Python que lea un carácter o grupo de caracteres de una cadena de diferentes maneras. Una de dos posibles causas puede ser:

Es posible que desee desactivar la interpretación única que suelen recibir ciertos caracteres de una cadena.

Es posible que desee dar un significado específico a las letras de una cadena que a menudo se consideran literales.

Esto se puede hacer insertando un carácter de barra invertida(). En una cadena, una barra invertida indica que uno o más caracteres deben recibir un tratamiento especial. La barra invertida hace que la siguiente cadena "escape" de su significado habitual, por lo que se denomina secuencia de escape.

Vamos a ver cómo funciona.

¿Cuáles son los cinco métodos de cálculo?

Multiplicación * Multiplica un operando por el otro. División / Divide el primer operando por el segundo. Suma + Agrega un operando a otro. Resta: resta el segundo operando del primero.

Módulo % devuelve el resto después de dividir el primer y segundo operando INTEGER.

Comentario: ¿Qué son y cómo funcionan en Python?

El intérprete ignora las líneas de código marcadas con un comentario en Python cuando ejecuta el programa. Los programadores pueden comprender mejor el código agregando comentarios que faciliten su lectura. Se puede utilizar una sola línea para comentarios en Python, que admite tres tipos diferentes.

¿Cuáles son las tres declaraciones condicionales en Python?

Ejemplos de declaraciones If en Python: cómo utilizar el condicional...

Los componentes básicos de la programación son declaraciones condicionales (if, else y elif) que le permiten controlar cómo se ejecuta su programa en respuesta a situaciones específicas. Le brindan la capacidad de tomar decisiones dentro de su programa y ejecutar otro código basado en esas decisiones. ¿Cómo crear una condición if/elif/else en Python?

IF...ELIF...ELSE Declaraciones de Python

Ejemplo. #!/ usr /bin/python var = 100 Si var es 200, imprima "1 - Obtuve un valor de expresión verdadero", si var es mayor o igual a 150.elif var == 100: imprima "3 - Obtuve get el verdadero valor." valor de expresión" print var else: print "4 - Valor de expresión incorrecto" print var print "¡Adiós!" print var print "2 - obtuve un valor de expresión verdadero"

¿Qué hacen los bucles for de Python?

Los bucles For le permiten repetir una sección de código un número específico de veces. Los bucles For se utilizan a menudo con objetos inmutables como listas y rangos. El bloque se ejecuta cada vez que Python para Express recorre los elementos en una secuencia en orden cronológico.

¿Cómo sangrar una sección de código en Python Pharm?

En el editor, presione Ctrl Alt 0I para seleccionar el fragmento de código requerido. Ir al editor | Estilo de código en el menú Configuración (Ctrl Alt 0S) si necesita cambiar la configuración de sangría. En la pestaña Tabulaciones y sangrías de la página del idioma correspondiente, seleccione las opciones de sangría requeridas y luego haga clic en Aceptar.

Python debe tener una sangría de dos o cuatro espacios.

El lenguaje no especifica la cantidad de sangría en un nivel, por lo que puede variar de un bloque a otro. Sin embargo, cada bloque debe estar un nivel por detrás del bloque que lo precede. El intérprete está contento siempre que cada bloque sea coherente. Normalmente utilizamos cuatro espacios por nivel.

Operadores de razonamiento

Los operadores lógicos (Verdadero o Falso) se utilizan para expresiones condicionales en

Python. Realizan operaciones como AND lógico, O lógico y NO lógico.

DESCRIPCIÓN DEL OPERADOR LÓGICO Y SINTAXIS AND: Verdadero si ambos operandos (x, y) o lógicamente verdadero. O: Si uno de los operandos (x o y) es verdadero, el resultado es verdadero. NOT: Si el operando no es x, es verdadero.

Manejo de errores de Python

Puede utilizar el bloque try para comprobar si hay errores en un bloque de código.

Para corregir el error, se puede utilizar el bloque "esless".

Aún puedes ejecutar código usando el bloque final independientemente de los resultados de los bloques try y exclusivo.

Edición de instancias

En caso de un error o excepción como lo llamamos, Python a menudo sale y muestra un mensaje de error.

Algunas excepciones se pueden manejar con la declaración try:

Ejemplo: gastar dinero en un servidor Python.

El bloque try hace que se lance la excepción porque no se especifica x:

Intente imprimir x sin la frase "Se ha producido una excepción".

Dado que el bloque try generó un error, se ejecuta el bloque except.

Sin el bloque try, el programa falla incorrectamente y muestra un mensaje de error:

Ejemplo

Esta afirmación no puede ser cierta porque x no está definida:

huellas dactilares)

¿Qué incluye la gestión de archivos Python?

Además de crear, abrir, agregar, leer y escribir, Python también admite...

La gestión de archivos es una tarea habitual a la hora de programar. Los métodos integrados de Python para generar, abrir y cerrar archivos facilitan la administración de archivos. Cuando se abre un archivo, Python también permite varias acciones en el archivo, como leer, escribir y agregar datos.

¿Qué son las operaciones de archivos Python?

1. Utilice el método open() en Python para abrir un archivo en modo "r", lo que significa que está disponible solo para lectura.

El modo "w" indica que el archivo solo se puede escribir.

La salida de este programa se agrega a la salida anterior de este archivo, como lo indica el modo "a".

Módulos para Python

Si desea que su código esté bien estructurado, tiene sentido comenzar agrupando códigos similares. Un módulo es esencialmente un grupo de líneas de código relacionadas almacenadas en un archivo .py. En un módulo puedes decidir si quieres definir variables, clases o funciones. El código ejecutable se puede integrar fácilmente en los módulos.

Por ejemplo, escribamos una función para dar la bienvenida a nuevos estudiantes a un curso específico:

Definición de impresión. Mensaje de bienvenida (curso)("Estamos encantados de tu interés en nuestro curso "+curso+". En breve recibirás un correo electrónico con toda la información.

Guardamos este código en un archivo llamado Welcome.py para que pueda incluirse en el módulo de bienvenida.

Primero debemos importar el módulo correspondiente a través de la línea de importación antes de poder usar este código en nuestra aplicación. Al llamar a la función con el módulo, estamos listos para usar una función especificada en ese módulo. Sintaxis de función():

Bienvenido a importar, bienvenido. Mensaje de bienvenida "Conceptos básicos de Python, parte 1".
salir
Apreciamos su interés en nuestro curso "Conceptos básicos de Python Parte 1". Recibirás un correo

electrónico en breve con toda la información.

Paquetes para Python

Al crear una aplicación grande, es posible que se creen muchos módulos diferentes que son difíciles de administrar. En esta situación, se beneficiará al agrupar y estructurar sus módulos. Aquí es donde entran en juego los paquetes.

Básicamente, los paquetes de Python son colecciones de módulos en un directorio. La estructura jerárquica del espacio de nombres del módulo está respaldada por paquetes. Podemos organizar nuestros módulos en paquetes y subpaquetes de la misma manera que organizamos nuestros datos en un disco duro en directorios y subcarpetas.

Un directorio debe contener el archivo _init_.py para ser

considerado un paquete (o subpaquete). El código de inicialización del paquete asociado suele incluirse en este archivo.

Por ejemplo, podemos agrupar los módulos de nuestro proyecto de ciencia de datos en el paquete "Mi modelo", como se muestra a continuación:

Los módulos, paquetes, bibliotecas y marcos de Python tienen diferentes propiedades.
Usando notación de puntos, podemos importar módulos específicos de este paquete. Por ejemplo, para importar el módulo del conjunto de datos del paquete anterior, se puede utilizar uno de los siguientes fragmentos de código:

El conjunto de datos para entrenar mi modelo.

¿Qué son las clases y los objetos en la programación orientada a objetos de Python?

Para crear objetos, Python te permite declarar clases como cualquier otro lenguaje orientado a objetos. Los tipos de datos más populares en Python, como cadenas, listas, diccionarios, etc., son clases integradas de Python.

Una clase define un tipo específico de objeto a través de un grupo de métodos y variables de instancia asociadas. Una clase se puede comparar con el modelo o plano de un objeto. Los términos asignados a las variables que componen una clase se denominan atributos.

Un objeto es una instancia de una clase con un conjunto específico de atributos. Así, se puede crear un número ilimitado de objetos con la misma clase.

Creemos una clase llamada Libro para el software de ventas utilizado por los libreros.

Él mismo. título = título en sí. Cantidad = cantidad de clase de libro: def _ init _ _(propio, título, cantidad, autor, precio)
Él mismo. El autor es el mismo que el propio autor. El precio corresponde a los costos.

¿Cuál es la diferencia entre scripting y programación?

Los lenguajes de programación se utilizan para crear aplicaciones de software enormes y complejas, como sistemas operativos y software empresarial, mientras que los lenguajes de secuencias de comandos se utilizan para tareas más simples. También se utilizan para crear utilidades del sistema y controladores de dispositivos, que son software de nivel inferior.

Estilo de codificación PEP8: ¿Qué es?

Aprenda a escribir código Python impresionante con PEP 8 - True Python

PEP 8 recomienda limitar las líneas a 79 caracteres. De hecho, permite abrir varios archivos al mismo tiempo y evita los saltos de línea. Por supuesto, no siempre es práctico limitar las reclamaciones a 79 caracteres o menos. Los métodos para permitir que las instrucciones abarquen varias líneas se describen en PEP 8.

¿Qué tan legible es el código?

En primer lugar, el código debe ofrecer el resultado esperado y, en segundo lugar, debe ser fácil de entender para otros desarrolladores. Estos son los dos criterios principales para la legibilidad del código. El código limpio es como una taza de café limpia; Si está sucio, nadie querrá limpiarlo por ti para que puedas usarlo.

¿Por qué utilizar herramientas de depuración?

Cuando se producen errores, puede resultar difícil identificar y resolver el problema. El uso de herramientas y técnicas de depuración acelera la resolución de problemas y aumenta el rendimiento del desarrollador. Esto mejora tanto la calidad del programa como la experiencia del usuario final.

¿Cuáles son los cuatro pasos de la depuración?

Dos experimentos de estudiantes cuidadosamente monitoreados dieron como resultado un modelo de comportamiento de depuración de cuatro pasos: comprender el sistema, probarlo, encontrar el problema y solucionarlo son los primeros tres pasos.

¿Quién suele desarrollar y ejecutar pruebas unitarias?

desarrollador

Debido a que están escritas como código que reside en el código base junto con el código de la aplicación que se está probando, los desarrolladores suelen generar pruebas unitarias durante la fase de desarrollo de un proyecto. Existen varios marcos para administrar y ejecutar pruebas unitarias que los desarrolladores pueden utilizar.

¿Se utiliza Python para el desarrollo web o la ciencia de datos?

Aprenda Python para desarrollo web frente a Python para ciencia de datos. La programación en Python para el desarrollo web requiere que los programadores se familiaricen con una variedad de marcos web como Django, que pueden ayudarlos a crear sitios web, mientras que aprender Python para la ciencia de datos requiere que los científicos de datos se familiaricen con las expresiones regulares, comiencen a usar bibliotecas académicas y adquieran fluidez. en datos.

¿Cuáles son los cinco principios principales de la ciencia de datos de Python que necesita conocer hoy?

Ciencia de datos de Python: 5 ideas clave que debes comprender...

Ciencia de datos de Python: cinco ideas clave que debe comprender ahora: big data, inteligencia artificial, aprendizaje automático, bases de datos y programación.

¿Dónde está la comunidad Python?

Puede encontrar los foros oficiales de la comunidad Pi en discusión.python.org. Visite la página de la comunidad Python Wiki local si está buscando foros o foros adicionales en su idioma nativo.